Impressum
Verlag: BABADADA GmbH, Nedderfeld 112 , 22529 Hamburg
Geschäftsführer / Verlagsleitung: Harald Hof
Druck: Books on Demand GmbH, In de Tarpen 42, 22848 Norderstedt

Imprint
Publisher: BABADADA GmbH, Nedderfeld 112 , 22529 Hamburg, Germany
Managing Director / Publishing direction: Harald Hof
Print: Books on Demand GmbH, In de Tarpen 42, 22848 Norderstedt

בית ספר
école

כיתה
salle de classe
חילק
diviser
186/2
לוח
tableau noir
cour (de récréation)
מורה
professeur
נייר
papier
כתב
écrire
עט
stylo
שולחן עבודה
bureau
סרגל
règle
ספר
livre
תלמיד
élève

ילקוט

cartable

קלמר

trousse

עיפרון

crayon

מחדד

taille-crayon

גומי מחיקה

gomme

חוברת סרטוט

carnet à dessin

סרטוט
....
dessin

מברשת
....
pinceau

קופסת צבעים
....
boîte de peinture

מספריים
....
ciseaux

דבק
....
colle

ספר תרגול
....
cahier d'exercices

שיעור בית
....
devoirs

מספר
....
chiffre

חיבר
....
additionner

חיסר
....
soustraire

הכפיל
....
multiplier

חישב
....
calculer

אות
....
lettre

אלפבית
....
alphabet

מילה
....
mot

טקסט

texte

קרא

lire

גיר

craie

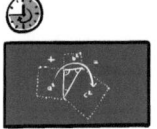

שיעור

leçon

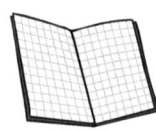

יומן נוכחות

livre de classe

מבחן

examen

תעודה

certificat

תלבושת בית ספר

uniforme scolaire

חינוך

formation

אנציקלופדיה

lexique

אוניברסיטה

université

מיקרוסקופ

microscope

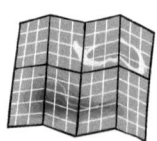

מפה

carte

סל נייר

corbeille à papier

נסיעה

voyage

מלון
hôtel
הוסטל
auberge
המרת מטבע
bureau de change
מזוודה
valise
אוטו
voiture

שפה
....
langue

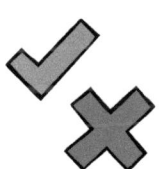

כן / לא
....
oui / non

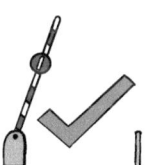

בסדר
....
d'accord

שלום
....
Salut

מתרגם
....
interprète

תודה
....
merci

כמה עולה.....?

Combien coûte...?

אני לא מבין

Je ne comprends pas

בעיה

problème

ערב טוב!

Bonsoir !

בוקר טוב!

Bonjour !

לילה טוב!

Bonne nuit !

להתראות

Au revoir

כיוון

direction

כבודה

bagages

תיק

sac

תרמיל גב

sac-à-dos

אורח

hôte

חדר

pièce

שק שינה

sac de couchage

אוהל

tente

מרכז מידע לתיירים

office de tourisme

חוף ים

plage

כרטיס אשראי

carte de crédit

ארוחת בוקר

petit-déjeuner

ארוחת צהריים

déjeuner

ארוחת ערב

dîner

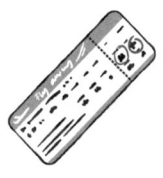

כרטיס

billet

מעלית

ascenseur

בול

timbre

גבול

frontière

מכס

douane

שגרירות

ambassade

אשרה

visa

דרכון

passeport

תחבורה
transport

מטוס
avion
אונייה
navire
כבאית
véhicule de pompiers
משאית
camion
אוטובוס
bus
סירת מנוע
bateau à moteur
אופניים
bicyclette
אוטו
voiture

מעבורת
ferry

סירה
barque

אופנוע
moto

ניידת משטרה
voiture de police

מכונית מרוץ
voiture de course

רכב שכור
voiture de location

מכוניות בשיתוף
auto-partage

אוטו גרר
voiture de remorquage

משאית זבל
benne à ordures

מנוע
moteur

דלק
essence

תחנת דלק
station d'essence

תמרור
panneau indicateur

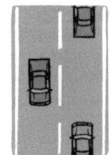

תנועה
trafic

פקק תנועה
embouteillage

חניה
parking

תחנת רכבת
gare

פסי רכבת
rails

רכבת
train

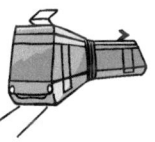

רכבת קלה
tramway

קרון
wagon

מסוק

hélicoptère

שדה-תעופה

aéroport

מגדל

tour

נוסע

passager

קונטיינר

conteneur

קרטון

carton

עגלה

chariot

סל

corbeille

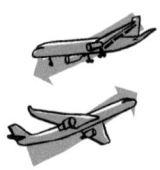

המראה / נחיתה

décoller / atterrir

עיר

ville

כפר

village

מרכז העיר

centre-ville

בית

maison

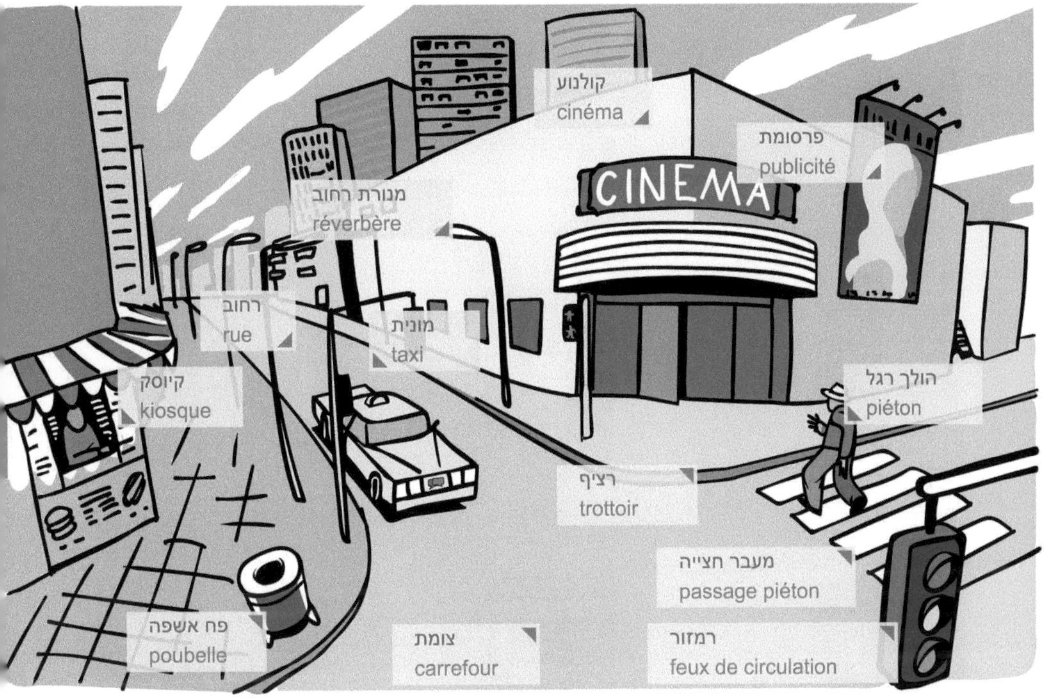

קולנוע
cinéma

פרסומת
publicité

מנורת רחוב
réverbère

CINEMA

רחוב
rue

מונית
taxi

קיוסק
kiosque

הולך רגל
piéton

רציף
trottoir

פח אשפה
poubelle

מעבר חצייה
passage piéton

צומת
carrefour

רמזור
feux de circulation

בקתה
cabane

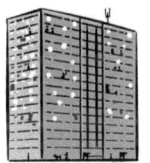

דירה
appartement

תחנת רכבת
gare

עירייה
mairie

מוזיאון
musée

בית ספר
école

אוניברסיטה
université

בנק
banque

בית חולים
hôpital

מלון
hôtel

בית מרקחת
pharmacie

משרד
bureau

חנות ספרים
librairie

חנות
magasin

חנות פרחים
fleuriste

סופרמרקט
supermarché

שוק
marché

כל-בו
grand magasin

מוכר דגים
poissonnerie

קניון
centre commercial

נמל
port

פארק

parc

ספסל

banque

גשר

pont

מדרגות

escaliers

רכבת תחתית

métro

מנהרה

tunnel

תחנת אוטובוס

arrêt de bus

בר

bar

מסעדה

restaurant

תא דואר

boîte à lettres

שלט רחוב

panneau indicateur

מדחן

parcmètre

גן חיות

zoo

בריכת שחיה

piscine

מסגד

mosquée

עיר - ville

חווה

ferme

זיהום

pollution

בית עלמין

cimetière

כנסייה

église

מגרש משחקים

aire de jeux

בית מקדש

temple

נוף

paysage

עלה
feuille

תמרור
panneau indicateur

דרך
chemin

מרעה
pré

אבן
pierre

עץ
arbre

מטייל
randonneur

נהר
rivière

דשא
herbe

פרח
fleur

בקעה

vallée

הר

montagne

אגם

lac

יער

forêt

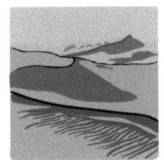

מדבר

désert

הר געש

volcan

טירה

château

קשת בענן

arc-en-ciel

פטריה

champignon

דקל

palmier

יתוש

moustique

זבוב

mouche

נמלה

fourmis

דבורה

abeille

עכביש

araignée

חיפושית

coléoptère

צפרדע

grenouille

סנאי

écureuil

קיפוד

hérisson

ארנב

lièvre

ינשוף

chouette

ציפור

oiseau

ברבור

cygne

חזיר בר

sanglier

צבי

cerf

אייל הקורא

élan

סכר

barrage

טורבינת רוח

éolienne

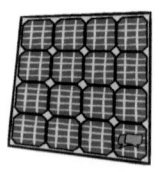

פנל סולארי

panneau solaire

אקלים

climat

מסעדה
restaurant

מלצר
serveur
תפריט
menu
כסא
chaise
מרק
soupe
פיצה
pizza
סכו"ם
couverts
מפת שולחן
nappe

מנת פתיחה
....
hors d'œuvre

מנה עיקרית
....
plat principal

קינוח
....
dessert

שתיות
....
boissons

אוכל
....
alimentation

בקבוק
....
bouteille

מזון מהיר

fast-food

אוכל רחוב

plats à emporter

קנקן תה

théière

מסכרת

sucrier

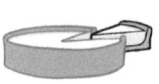

מנה

portion

מכונת אספרסו

machine à expresso

כסא תינוק

chaise haute

חשבון

facture

מגש

plateau

סכין

couteau

מזלג

fourchette

כף

cuillère

כפית

cuillère à thé

מפית

serviette

כוס

verre

צלחת

assiette

קערת מרק

assiette à soupe

תחתית

soucoupe

רוטב

sauce

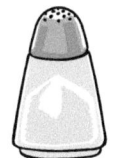

מלחייה

salière

מטחנת פלפל

moulin à poivre

חומץ

vinaigre

שמן

huile

תבלינים

épices

קטשופ

ketchup

חרדל

moutarde

מיונז

mayonnaise

סופרמרקט

supermarché

מבצע
offre promotionnelle
FOR
לקוח
client
מוצרי חלב
produits laitiers
פירות
fruits
עגלת קניות
chariot

אטליז

boucherie

מאפייה

boulangerie

שקל

peser

ירקות

légumes

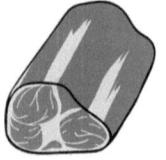

בשר

viande

מזון קפוא

aliments surgelés

בשר קר

....

charcuterie

שימורים

....

conserves

אבקת כביסה

....

poudre à lessive

ממתקים

....

bonbons

מוצרי בית

....

articles ménagers

חומר ניקוי

....

détergents

מוכרת

....

vendeuse

קופה

....

caisse

קופאי

....

caissier

רשימת קניות

....

liste d'achats

שעות פתיחה

....

heures d'ouverture

ארנק

....

portefeuille

כרטיס אשראי

....

carte de crédit

תיק

....

sac

שקית נילון

....

sac en plastique

שתיות

boissons

מים

eau

מיץ

jus de fruit

חלב

lait

קולה

coca

יין

vin

בירה

bière

אלכוהול

alcool

קקאו

chocolat chaud

תה

thé

קפה

café

אספרסו

expresso

קפוצ'ינו

cappuccino

בננה

banane

תפוח

pomme

תפוז

orange

אבטיח

melon

לימון

citron

גזר

carotte

שום

ail

במבוק

bambou

בצל

oignon

פטריות

champignon

אגוזים

noisettes

אטריות

pâtes

ספגטי

spaghetti

אורז

riz

סלט

salade

צ'יפס

pommes frites

צ'יפס

pommes de terre rôties

פיצה

pizza

המבורגר

hamburger

כריך

sandwich

שניצל

escalope

שינקין

jambon

סלאמי

salami

נקניקיה

saucisse

עוף

poulet

טיגון

rôti

דג

poisson

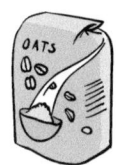

שיבולת שועל

flocons d'avoine

מוזלי

muesli

קורנפלקס

cornflakes

קמח

farine

קרואסון

croissant

לחמנייה

petits-pains

לחם

pain

טוסט

pain grillé

עוגיות

biscuits

חמאה

beurre

גבינה לבנה

le fromage blanc

עוגה

gâteau

ביצה

œuf

ביצת עין

œuf au plat

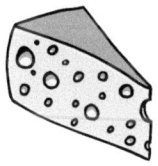

גבינה

fromage

גלידה

glace

סוכר

sucre

דבש

miel

ריבה

confiture

ממרח נוגט

crème nougat

קארי

curry

חווה
ferme

אסם
grange
חבילת שחת
botte de paille
שדה
champ
סוס
cheval
עגלת נגרר
remorque
טרקטור
tracteur
סייח
poulain
חמור
âne
כבש
mouton
טלה
agneau

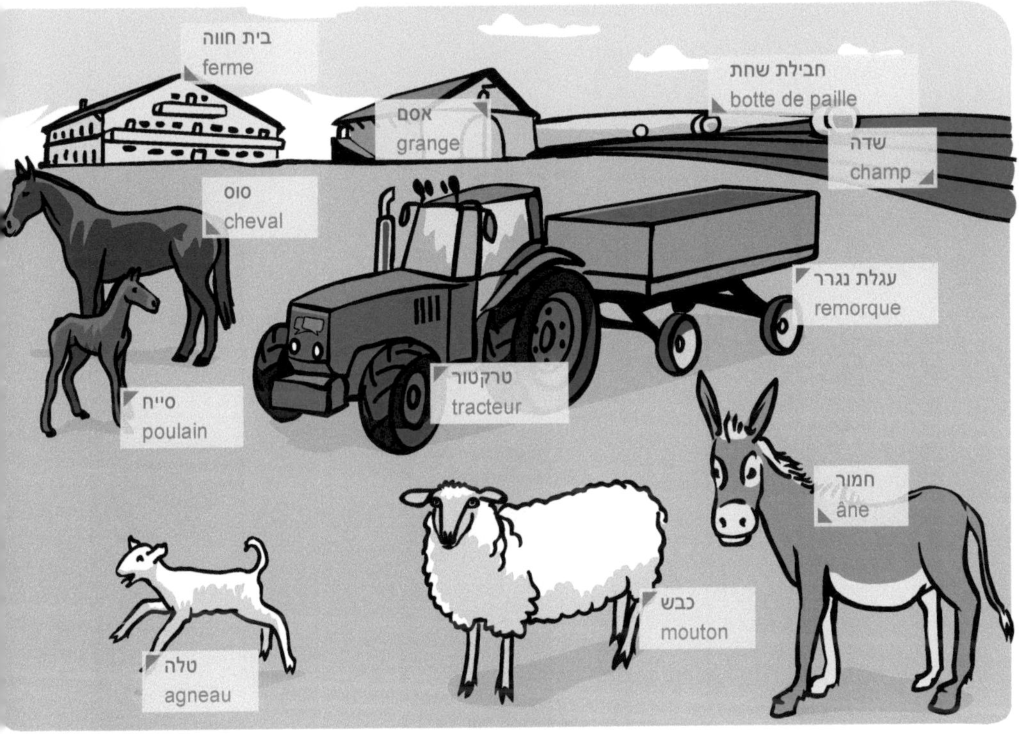

עז

chèvre

פרה

vache

עגל

veau

חזיר

porc

חזרזיר

porcelet

שור

taureau

אווז
oie

ברווז
canard

אפרוח
poussin

תרנגולת
poule

תרנגול
coq

חולדה
rat

חתול
chat

עכבר
souris

שור
bœuf

כלב
chien

מלונה
chenil

צינור השקיה
tuyau de jardin

קנקן מים
arrosoir

חרמש
faucheuse

מחרשה
charrue

מגל

faucille

מגרפה

pioche

קלשון

fourche

גרזן

hache

מריצה

brouette

שוקת

cuve

כד חלב

pot à lait

שק

sac

גדר

clôture

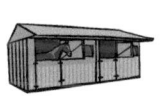

אורווה

étable

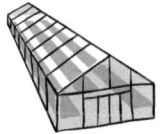

חממה

serre

אדמה

sol

זרע

semences

דשן

engrais

מקצרה

moissonneuse-batteuse

קצר
récolter

קציר
récolte

בטטה אפריקנית
igname

חיטה
blé

סויה
soja

תפוח אדמה
pomme de terre

תירס
maïs

קנולה
colza

עץ פירות
arbre fruitier

קסבה
manioc

דגנים
céréales

בית
maison

ארובה
cheminée
גג
toit
מרזב
gouttière
חלון
fenêtre
פעמון
sonnette
מוסך
garage
דלת
porte
פח אשפה
poubelle
תיבת מכתבים
boîte aux lettres
גינה
jardin

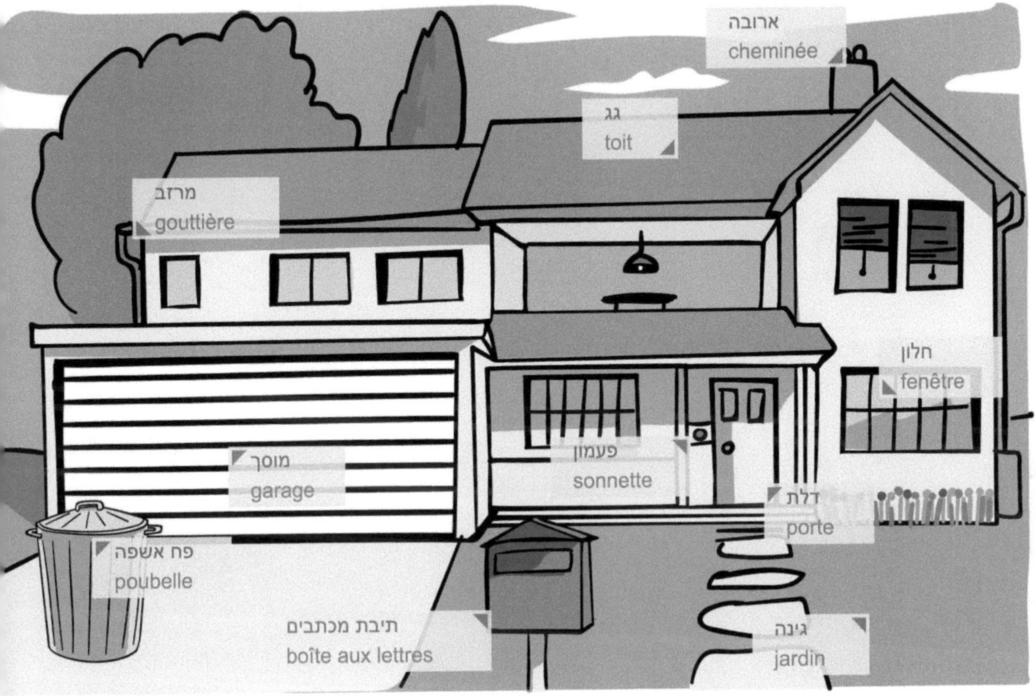

סלון
salon

חדר אמבטיה
salle de bain

מטבח
cuisine

חדר שינה
chambre à coucher

חדר ילדים
chambre d'enfant

חדר אוכל
salle à manger

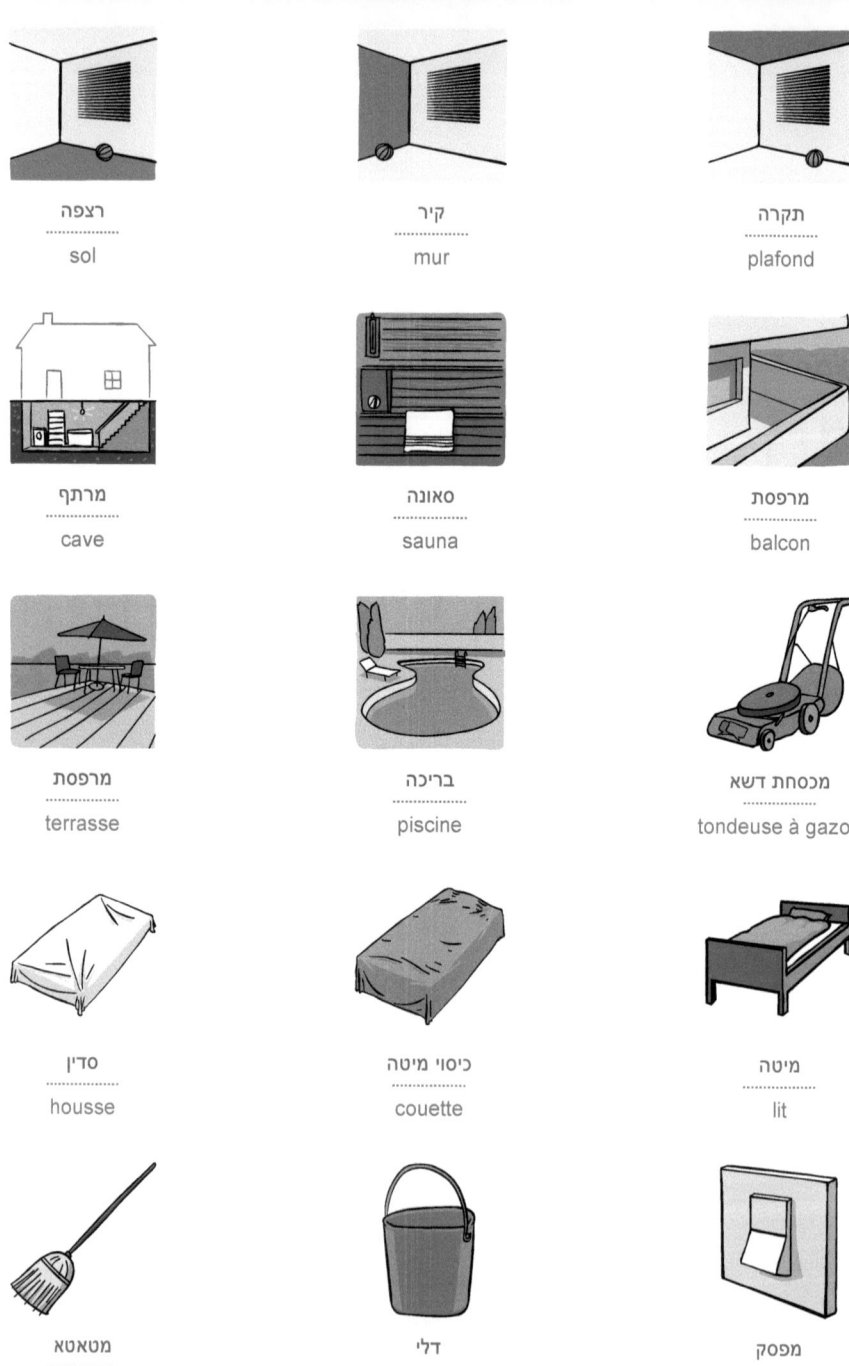

רצפה	קיר	תקרה
sol	mur	plafond

מרתף	סאונה	מרפסת
cave	sauna	balcon

מרפסת	בריכה	מכסחת דשא
terrasse	piscine	tondeuse à gazon

סדין	כיסוי מיטה	מיטה
housse	couette	lit

מטאטא	דלי	מפסק
balai	sceau	interrupteur

סלון
salon

טפט
papier peint
תמונה
image
מנורה
lampe
מדף
étagère
ארון
armoire
טלוויזיה
télé
אח
cheminée
פרח
fleur
כרית
coussin
ספה
sofa
אגרטל
vase
שלט רחוק
télécommande

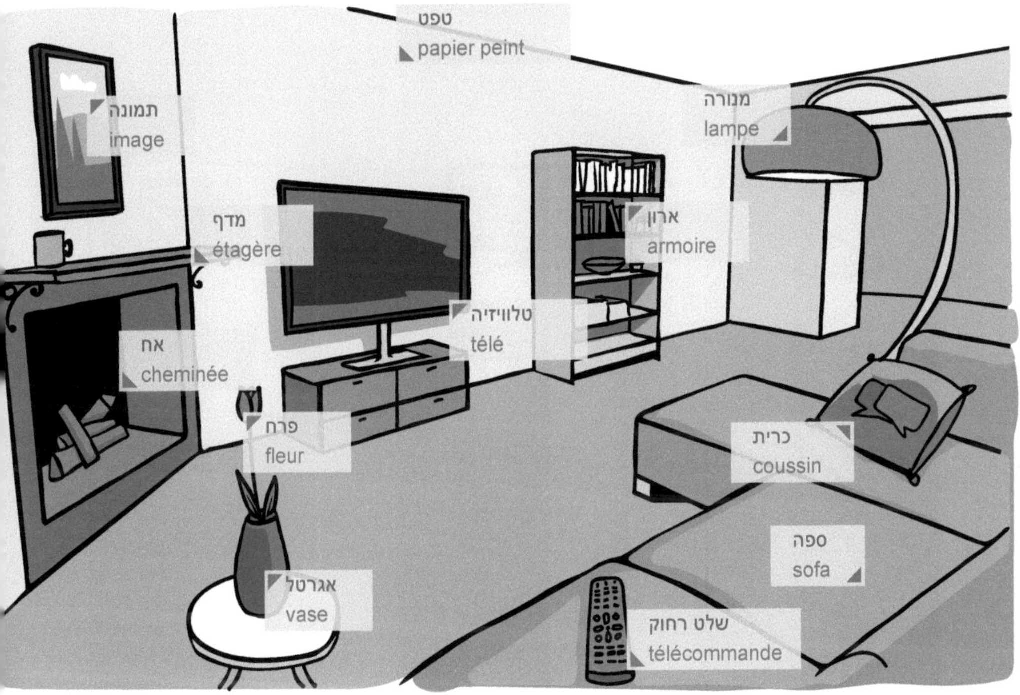

שטיח
tapis

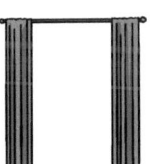

וילון
rideau

שולחן
table

כסא
chaise

כיסא נדנדה
chaise à bascule

כורסה
fauteuil

ספר

livre

שמיכה

couverture

דקורציה

décoration

עצי הסקה

bois de chauffage

סרט

film

מערכת סטריאו

chaîne hi-fi

מפתח

clé

עיתון

journal

ציור

peinture

פוסטר

poster

רדיו

radio

מחברת

bloc-notes

שואב אבק

aspirateur

קקטוס

cactus

נר

bougie

מטבח

cuisine

מקרר
réfrigérateur
מיקרוגל
four à micro-ondes
balance de cuisine
טוסטר
grille-pain
חומר ניקוי
détergent
תנור
four
מקפיא
compartiment congélateur
פח אשפה
poubelle
מדיח כלים
lave-vaisselle

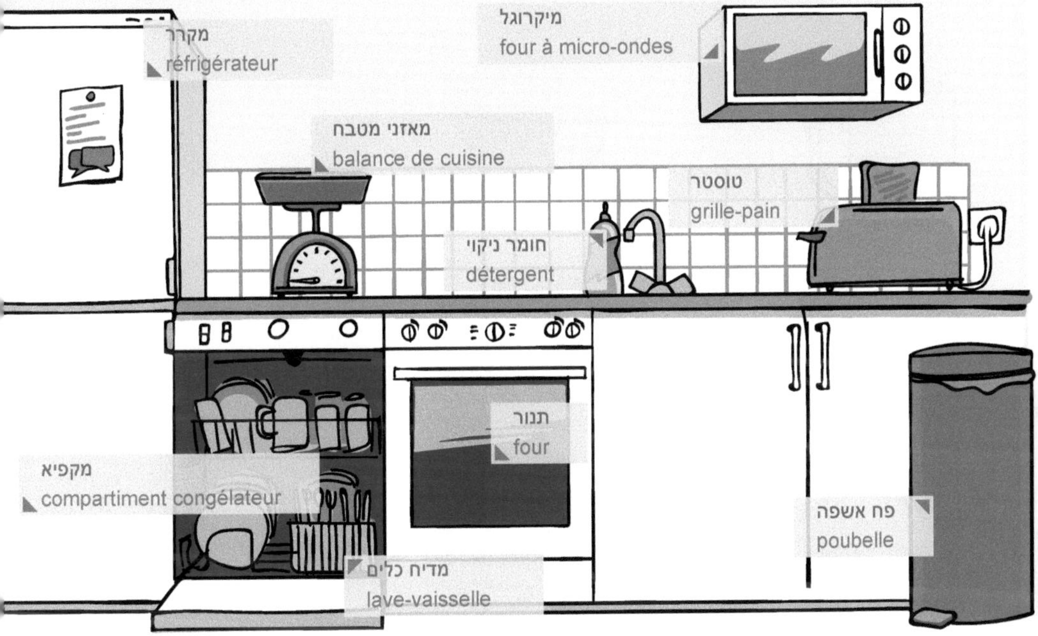

תנור
....
four

סיר
....
casserole

סיר ברזל
....
marmite

ווק
....
wok / kadai

מחבת
....
poêle

קומקום חשמלי
....
bouilloire electrique

מאדה

cuiseur vapeur

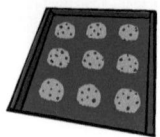

מגש אפייה

plaque de cuisson

כלי אוכל

vaisselle

ספל

gobelet

קערה

coupe

צ'ופסטיקס

baguettes

מצקת

louche

מרית

spatule

מטרפה

fouet

מסננת בישול

passoire

מסננת

tamis

מגרדת

râpe

מכתש

mortier

גריל

barbecue

מדורה

cheminée

קרש חיתוך

planche à découper

מערוך

rouleau à pâtisserie

פותחן פקקים

tire-bouchon

פחית

boîte

פותחן קופסאות

ouvre-boîte

מטלית

maniques

כיור

lavabo

מברשת

brosse

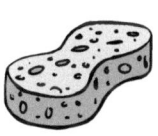

ספוג

éponge

בלנדר

mixeur

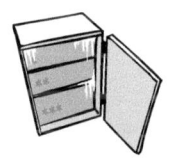

מקפיא

congélateur

בקבוק לתינוק

biberon

ברז

robinet

חדר אמבטיה

salle de bain

חימום
chauffage
מגבת
serviette
מקלחת
douche
וילון מקלחת
rideau de douche
אמבטיית קצף
bain moussant
אמבטיה
baignoire
כוס
verre
מכונת כביסה
machine à laver
אריחים
carrelage
ברז
robinet
סיר לילה
pot
כיור
lavabo

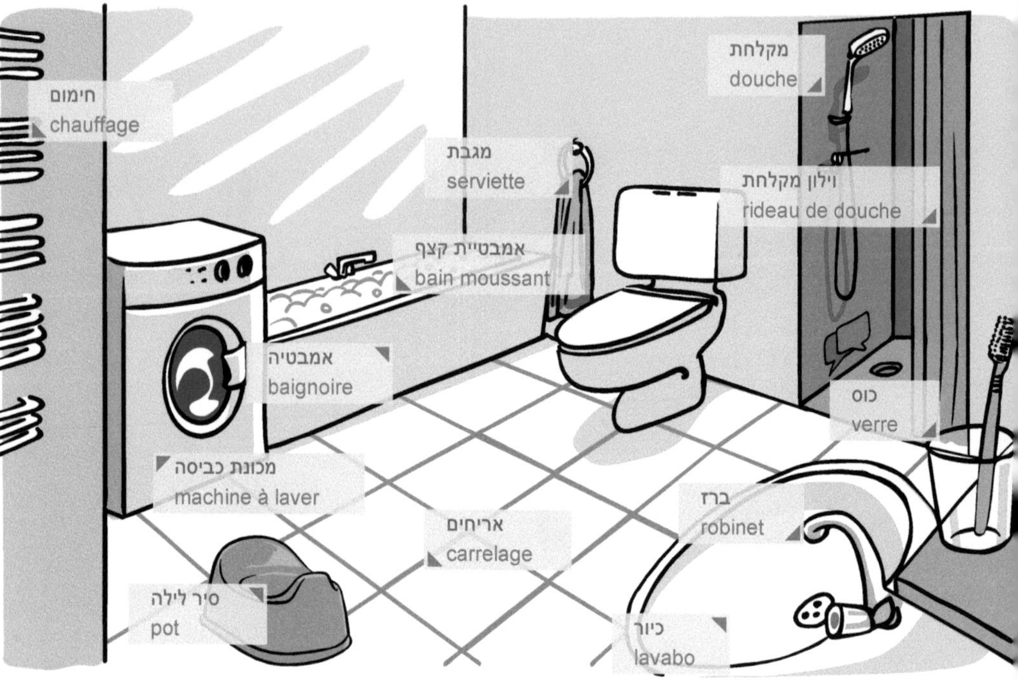

אסלה

toilettes

אסלת כריעה

toilette à la turque

בידה

bidet

משתנה

urinoir

נייר טואלט

papier toilette

מברשת אסלה

brosse à toilette

מברשת שיניים

brosse à dents

משחת שיניים

dentifrice

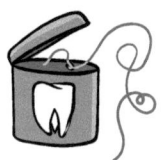

חוט דנטלי

fil dentaire

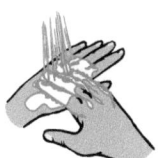

שטף

laver

מקלחת יד

douche manuelle

צינור שטיפה לשירותים

douche intime

קערת רחצה

vasque

מברשת גב

brosse dorsale

סבון

savon

ג'ל רחצה

gel douche

שמפו

shampooing

ליפה

gant de toilette

ניקוז

écoulement

קרם

crème

דיאודורנט

déodorant

מראה

miroir

מראת יד

miroir cosmétique

סכין גילוח

rasoir

קצף גילוח

mousse à raser

אפטרשייב

après-rasage

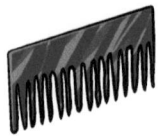

מסרק

peigne

מברשת

brosse

מייבש שיעור

sèche-cheveux

ספריי לשיער

laque pour cheveux

איפור

fond de teint

שפתון

rouge à lèvres

לק

vernis à ongles

צמר גפן

ouate

מספריים לציפורניים

coupe-ongles

בושם

parfum

תיק כלי רחצה

trousse de toilette

שרפרף

tabouret

משקל

pèse-personne

חלוק רחצה

peignoir

כפפות גומי

gants de nettoyage

טמפון

tampon

תחבושת סניטרית

serviettes hygiéniques

שירותים כימיקליים

toilette chimique

חדר ילדים
chambre d'enfant

שעון מעורר
réveil
צעצוע חיבוק
doudou
מכונית צעצוע
voiture jouet
רעשן
hochet
בית בובות
maison de poupée
מתנה
cadeau

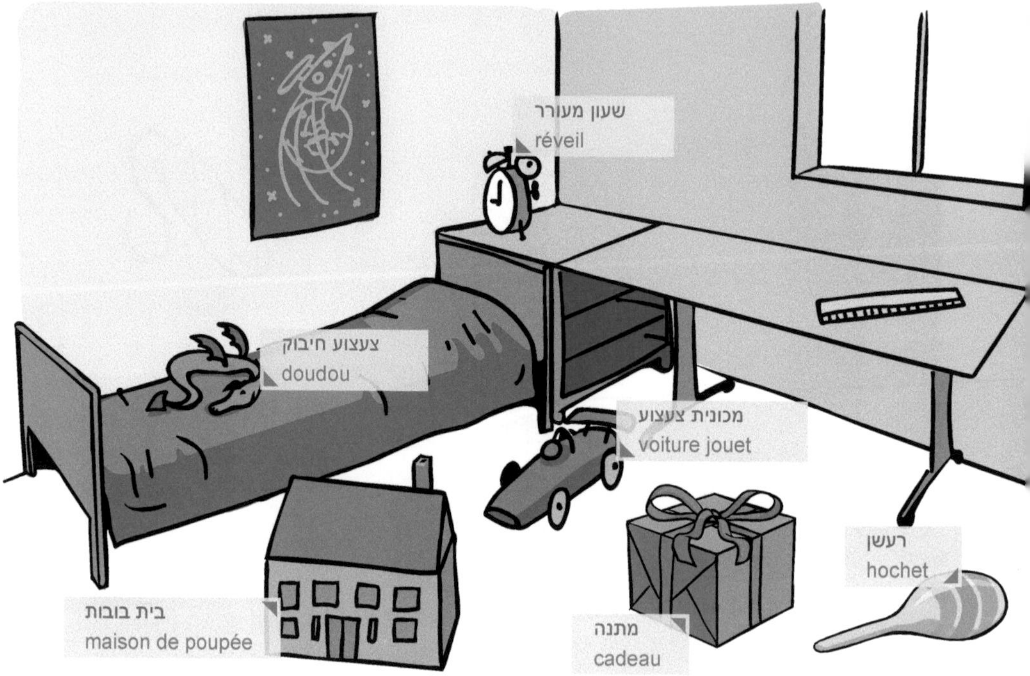

בלון

ballon

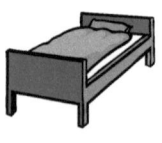

מיטה

lit

עגלה

poussette

משחק קלפים

jeu de cartes

פאזל

puzzle

קומיקס

bande dessinée

לגו

pièces lego

קוביות משחק

blocs de construction

דמות משחק

figurine

סרבל תינוקות

grenouillère

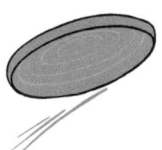

פריזבי

frisbee

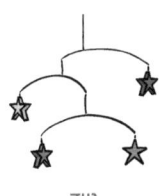

נייד

mobile

משחק לוח

jeu de société

קוביה

dé

רכבת צעצוע

train miniature

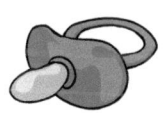

מוצץ

sucette

מסיבה

fête

אלבום תמונות

livre d'images

כדור

balle

בובה

poupée

שיחק

jouer

ארגז חול

bac à sable

נדנדה

balançoire

צעצועים

jouets

קונסולת משחקים

console de jeu

אופניים תלת גלגלי

tricycle

דובון

ours en peluche

ארון בגדים

armoire

בגדים

vêtements

גרביים

chaussettes

גרביונים

bas

גרביון

collant

צעיף
écharpe

מטריה
parapluie

חולצת טי
t-shirt

חגורה
ceinture

מגפיים
bottes

נעלי בית
pantoufles

נעלי ספורט
baskets

סנדלים
sandales

נעליים
chaussures

מגפי גומי
bottes de caoutchouc

תחתונים
sous-vêtements

חזייה
soutien-gorge

וסט
maillot de corps

גוף

body

מכנסיים

pantalon

ג'ינס

jean

חצאית

jupe

חולצה מכופתרת

chemisier

חולצה

chemise

אפודה

pull

סווצ'ר עם קפוצ'ון

sweat à capuche

בלייזר

veste

ז'קט

veste

מעיל

manteau

מעיל גשם

imperméable

תלבושת

costume

שמלה

robe

שמלת כלה

robe de mariée

חליפה
costume

כותונת לילה
chemise de nuit

פיג'מה
pyjama

סארי
sari

מטפחת ראש
foulard

טורבן
turban

בורקה
burqa

קאפטן
caftan

עבאיה
abaya

בגד ים
maillot de bain

בגד ים
maillot de bain

מכנסיים קצרים
short

בגד אימון
tenue d'entraînement

סינר
tablier

כפפות
gants

כפתור
bouton

משקפיים
lunettes

צמיד יד
bracelet

שרשרת
collier

טבעת
bague

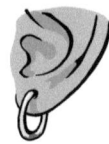

עגיל
boucle d'oreille

כובע
bonnet

קולב
cintre

כובע
chapeau

עניבה
cravate

רוכסן
fermeture éclair

קסדה
casque

כתפיות
bretelles

תלבושת בית ספר
uniforme scolaire

מדים
uniforme

מפית אוכל

bavoir

מוצץ

sucette

חיתול

lange

משרד

bureau

שרת
serveur
תיקייה
armoire d'archivage
מדפסת
imprimante
נייר
papier
מסך
écran
שולחן עבודה
עכבר
souris
תיק
classeur
מקלדת
clavier
סל נייר
corbeille à papier
מחשב
ordinateur
כסא
chaise

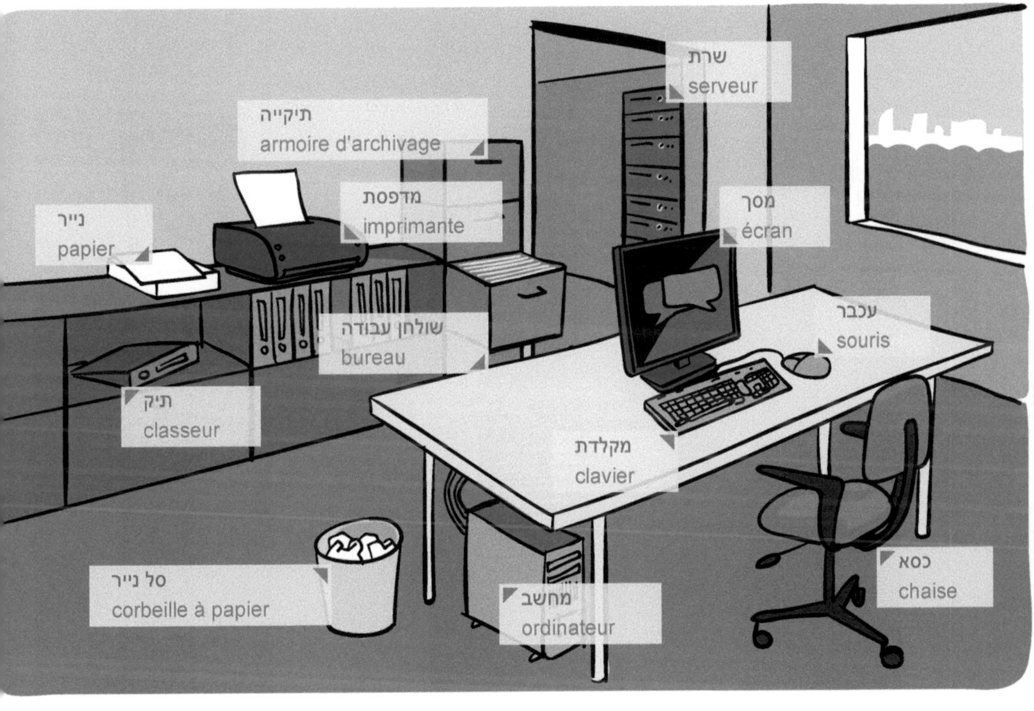

ספל קפה

tasse de café

מחשבון

calculatrice

אינטרנט

internet

מחשב נייד

ordinateur portable

מכתב

lettre

הודעה

message

נייד

portable

רשת

réseau

מכונת צילום

photocopieuse

תוכנה

logiciel

טלפון

téléphone

שקע

prise

פקס

fax

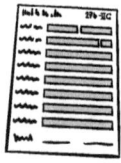

טופס

formulaire

מסמך

document

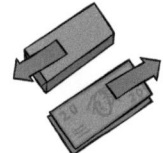

קנה

acheter

שילם

payer

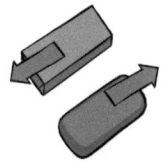

סחר

faire du commerce

כסף

monnaie

דולר

dollar

יורו

euro

ין

yen

רובל

rouble

פרנק שווייצרי

franc suisse

יואן רנמינבי

renminbi yuan

רופי

roupie

כספומט

distributeur automatique

המרת מטבע

bureau de change

זהב

or

כסף

argent

נפט

pétrole

אנרגיה

énergie

מחיר

prix

חוזה

contrat

מס

taxe

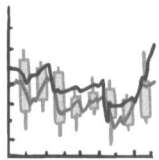

מנייה

action

עבד

travailler

עובד

employé

מעסיק

employeur

מפעל

usine

חנות

magasin

מקצועות
professions

שוטר
agent de police
כבאי
pompier
טייס
pilote
רופא
médecin
טבח
cuisinier

גנן
jardinier

נגר
menuisier

תופרת
couturière

שופט
juge

כימאי
chimiste

שחקן
acteur

נהג אוטובוס

conducteur de bus

נהג מונית

chauffeur de taxi

דייג

pêcheur

עובדת נקיון

femme de ménage

מתקן גגות

couvreur

מלצר

serveur

צייד

chasseur

צייר

peintre

אופה

boulanger

חשמלאי

électricien

עובד בניין

ouvrier

מהנדס

ingénieur

קצב

boucher

אינסטלטור

plombier

דוור

facteur

חייל

soldat

אדריכל

architecte

קופאי

caissier

מוכר פרחים

fleuriste

ספר

coiffeur

כרטיסן

contrôleur

מכונאי

mécanicien

קברניט

capitaine

רופא שיניים

dentiste

מדען

scientifique

רב

rabbin

אימאם

imam

נזיר

moine

כומר

prêtre

כלי עבודה
outils

צבת
pinces
פטיש
marteau
מברג
tournevis
מפתח ברגים
clé
פנס
torche

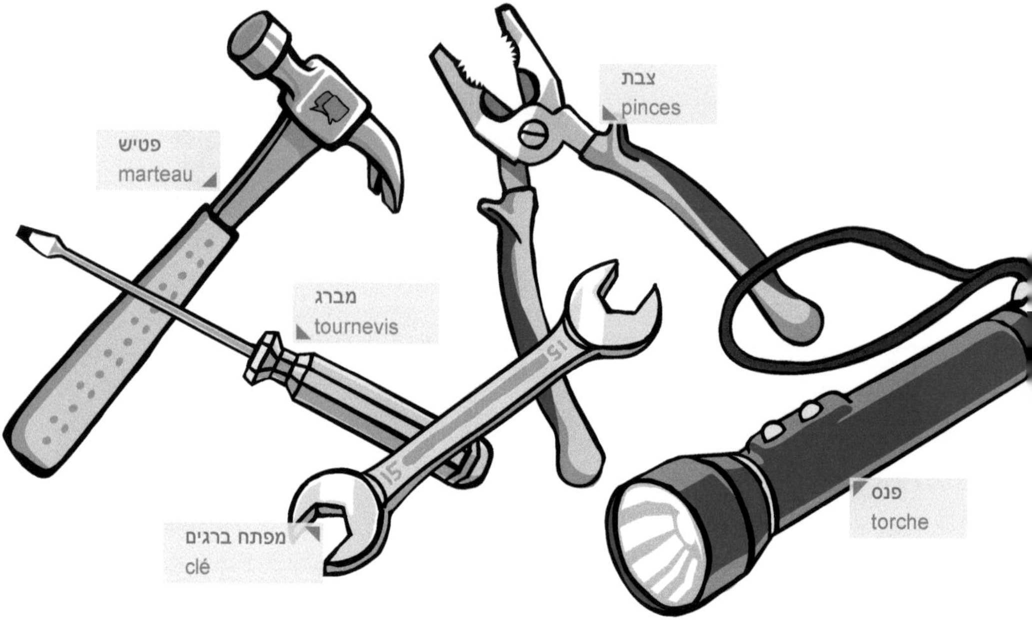

דחפור
pelleteuse

ארגז כלים
boîte à outils

סולם
échelle

מסור
scie

מסמרים
clous

מקדחה
perceuse

תיקן

réparer

את חפירה

pelle

!לעזאזל

Mince !

יעה

pelle

פח צבע

pot de peinture

ברגים

vis

כלי נגינה
instruments de musique

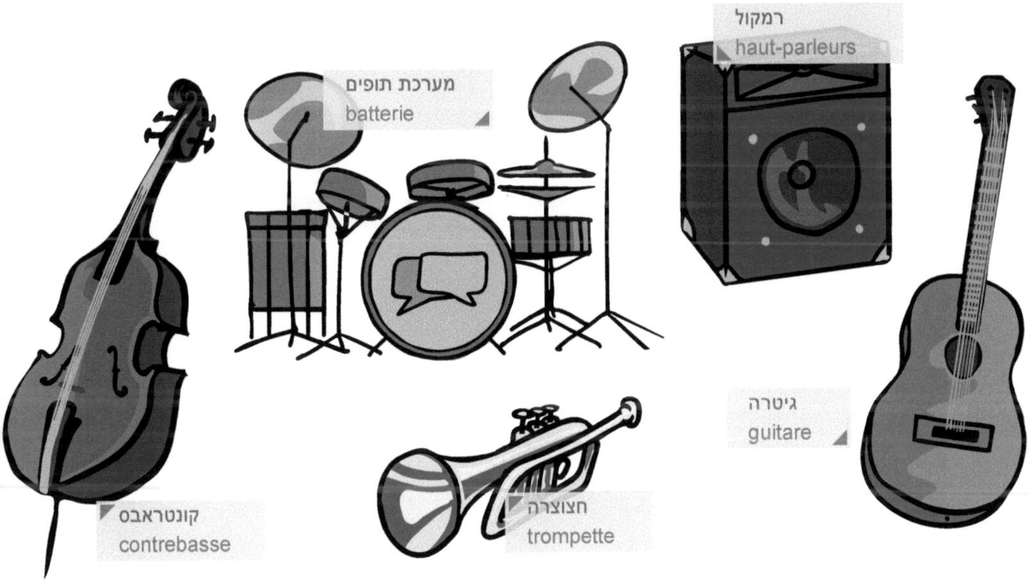

רמקול
haut-parleurs
מערכת תופים
batterie
גיטרה
guitare
קונטראבס
contrebasse
חצוצרה
trompette

פסנתר

piano

כינור

violon

בס

basse

תוף הדוד

timbales

תופים

tambour

מקלדת פסנתר

piano électrique

סקסופון

saxophone

חליל

flûte

מיקרופון

microphone

גן חיות

ZOO

כניסה
entrée
נמר
tigre
כלוב
cage
זברה
zèbre
מזון לחיות
alimentation animale
פנדה
panda

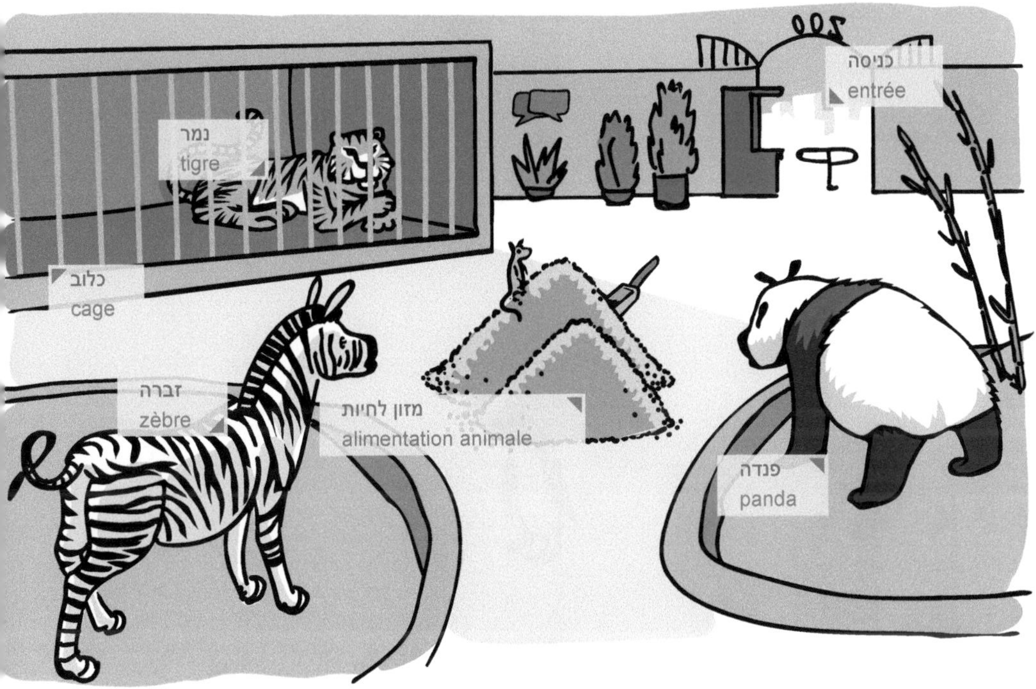

בעלי חיים
animaux

פיל
éléphant

קנגרו
kangourou

קרנף
rhinocéros

גורילה
gorille

דוב
ours

גמל

chameau

יען

autruche

אריה

lion

קוף

singe

פלמינגו

flamand rose

תוכי

perroquet

דוב הקרח

ours polaire

פינגווין

pingouin

כריש

requin

טווס

paon

נחש

serpent

תנין

crocodile

שומר גן החיות

gardien de zoo

כלב ים

phoque

יגואר

jaguar

סוס פוני

poney

לאופרד

léopard

היפופוטאם

hippopotame

ג'ירפה

girafe

נשר

aigle

חזיר בר

sanglier

דג

poisson

צב

tortue

סוס ים

morse

שועל

renard

איילה

gazelle

ספורט
sports

פוטבול אמריקאי
american Football
רכיבת אופניים
cyclisme
טניס
tennis
כדורסל
basket-ball
שחיה
natation
הוקי
hockey sur glace
אגרוף
boxe

כדורגל
football

בדמינטון
badminton

אתלטיקה
athlétisme

כדור-יד
handball

עשה סקי
ski

פולו
polo

פעילויות
activités

צחק
rire
קפץ
sauter
חיבק
embrasser
הלך
marcher
שר
chanter
חלם
rêver
התפלל
prier
נשק
faire la bise

כתב
....
écrire

צייר
....
dessiner

הראה
....
montrer

דחף
....
pousser

נתן
....
donner

לקח
....
prendre

יש / להיות הבעלים

avoir

עשה

faire

היה

être

עמד

être debout

רץ

courir

משך

trier

זרק

jeter

נפל

tomber

שכב

être couché

חיכה

attendre

סחב

porter

ישב

être assis

התלבש

s'habiller

ישן

dormir

התעורר

se réveiller

הסתכל ב-

regarder

בכה

pleurer

ליטף

caresser

סירק

peigner

דיבר

parler

הבין

comprendre

שאל

demander

שמע

écouter

שתה

boire

אכל

manger

סידר

ranger

אהב

aimer

בישל

cuire

נהג

conduire

עף

voler

שט

faire de la voile

חישב

calculer

קרא

lire

למד

apprendre

עבד

travailler

התחתן

se marier

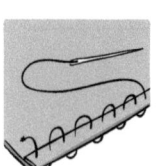

תפר

coudre

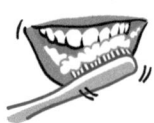

ציחצח שיניים

brosser les dents

הרג

tuer

עישן

fumer

שלח

envoyer

סבתא
grand-mère

סבא
grand-père

אבא
père

אימא
mère

תינוק
bébé

בת
fille

בן
fils

אורח
hôte

דודה
tante

דוד
oncle

אח
frère

אחות
sœur

גוף
corps

מצח
front
עין
œil
כתף
épaule
אצבע
doigt
פנים
visage
סנטר
menton
כף יד
main
רגל
jambe
חזה
poitrine
זרוע
bras

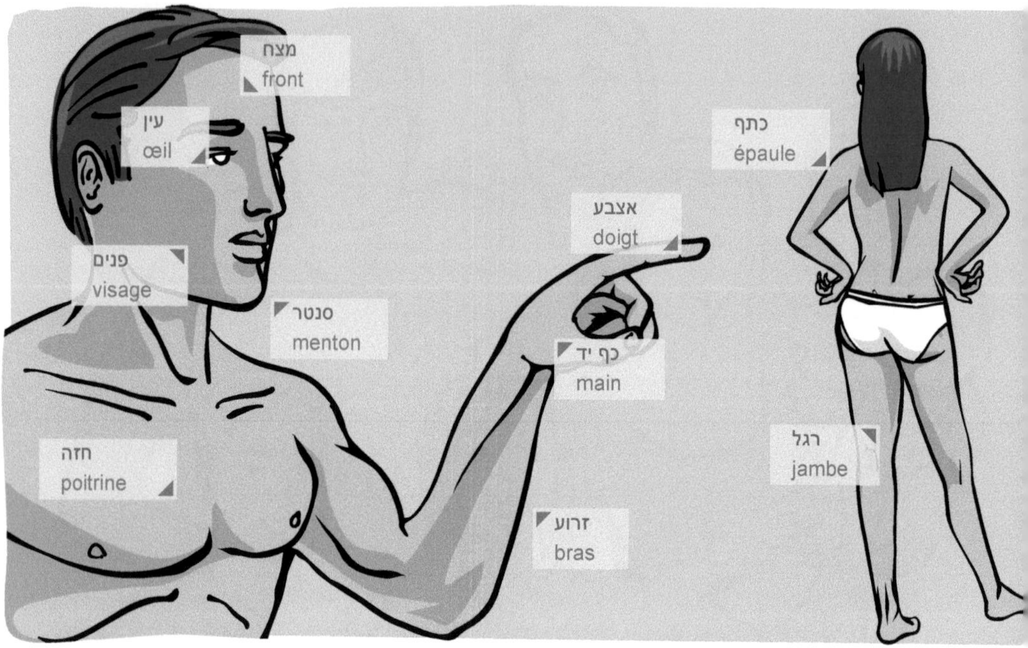

תינוק

bébé

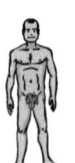

איש

homme

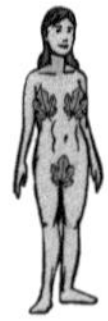

אישה

femme

ילדה

fille

ילד

garçon

ראש

tête

גב
dos

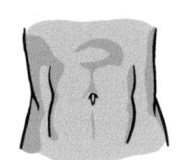

בטן
ventre

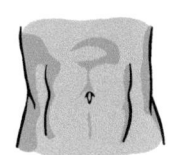

טבור
nombril

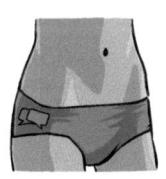

אצבע
orteil

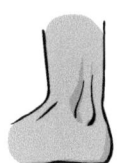

עקב
talon

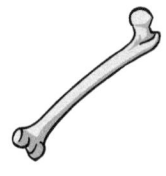

עצם
os

ירך
hanche

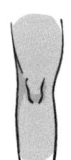

ברך
genou

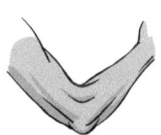

מרפק
coude

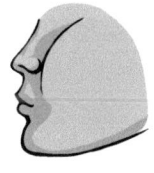

אף
nez

עכוז
fesses

עור
peau

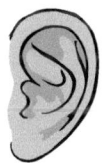

לחי
joue

אוזן
oreille

שפתיים
lèvre

פה
......
bouche

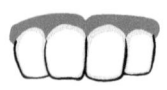

שן
......
dent

לשון
......
langue

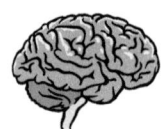

מוח
......
cerveau

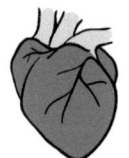

לב
......
cœur

שריר
......
muscle

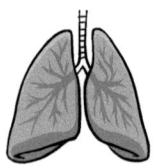

ריאה
......
poumons

כבד
......
foie

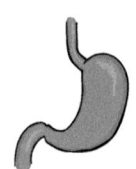

קיבה
......
estomac

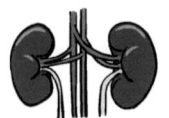

כליות
......
reins

מין
......
rapport sexuel

קונדום
......
préservatif

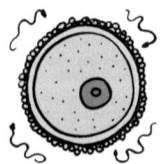

ביצית
......
ovule

זרע
......
sperme

הריון
......
grossesse

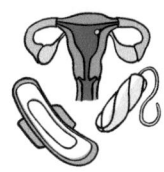

ווסת

menstruation

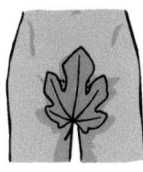

נרתיק

vagin

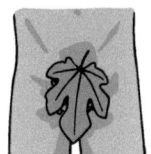

פין

pénis

גבה

sourcil

שיער

cheveux

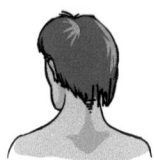

צוואר

cou

בית חולים
hôpital

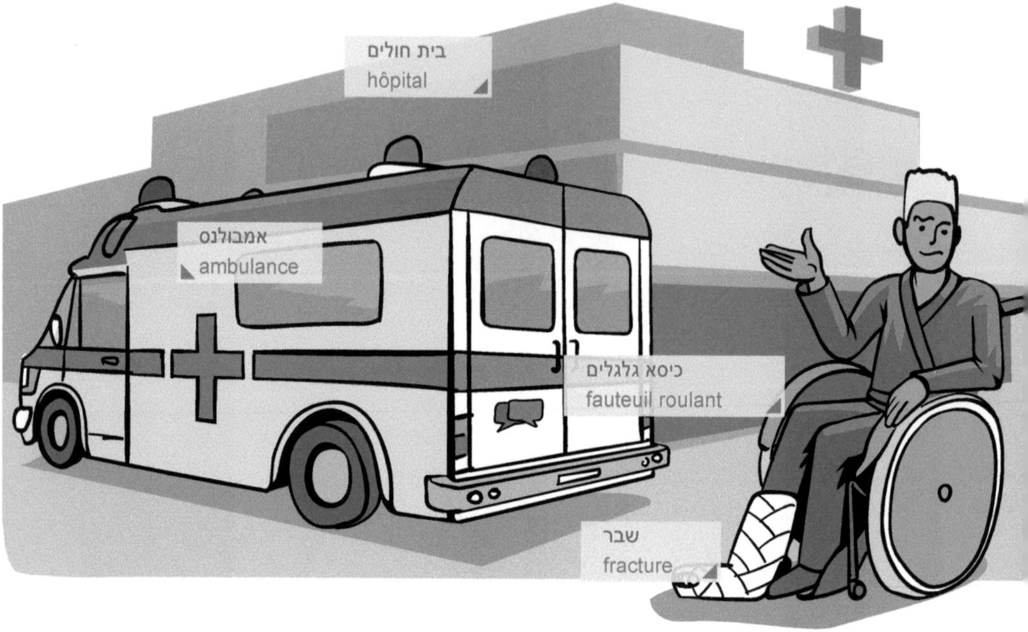

בית חולים
hôpital
אמבולנס
ambulance
כיסא גלגלים
fauteuil roulant
שבר
fracture

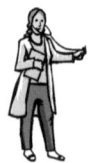

רופא

médecin

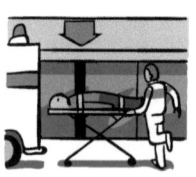

חדר מיון

service des urgences

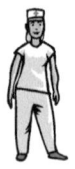

אחות

infirmière

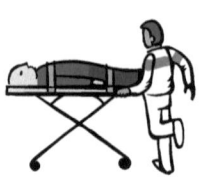

חירום

urgence

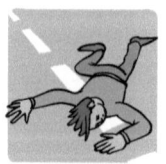

חסר הכרה

inconscient

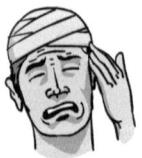

כאב

douleur

פציעה

blessure

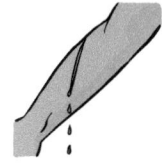

דימום

hémorragie

התקף לב

crise cardiaque

שבץ

attaque cérébrale

אלרגיה

allergie

שיעול

toux

חום

fièvre

שפעת

grippe

שלשול

diarrhée

כאב ראש

mal de tête

סרטן

cancer

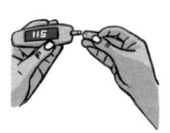

סוכרת

diabète

מנתח

chirurgien

אזמל

scalpel

ניתוח

opération

סי-טי

CT

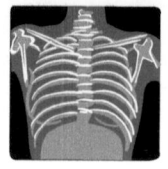

רנטגן

radiographie

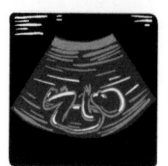

אולטרסאונד

échographie

מסיכת פנים

masque

מחלה

maladie

חדר המתנה

salle d'attente

קבה

béquille

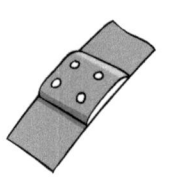

פלסטר

pansement

תחבושת

pansement

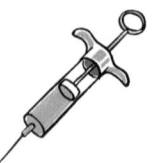

זריקה

injection

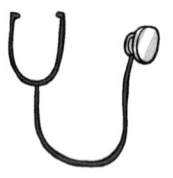

סטטוסקופ

stéthoscope

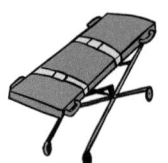

אלונקה

brancard

מד חום

thermomètre

לידה

accouchement

עודף משקל

surcharge pondérale

מכשיר שמיעה

appareil auditif

מחטא

désinfectant

זיהום

infection

נגיף

virus

איידס

VIH / sida

תרופה

médicament

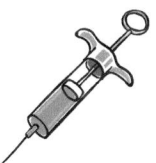

חיסון

vaccination

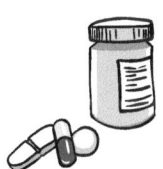

טבליות

comprimés

גלולה

pilule

קריאת חירום

appel d'urgence

מד לחץ דם

tensiomètre

חולה / בריא

malade / sain

הצילו!	אזעקה	פשיטה
Au secours !	alarme	assaut

תקיפה	סכנה	יציאת חירום
attaque	danger	sortie de secours

אש!	מטף כיבוי	תאונה
Au feu!	extincteur	accident

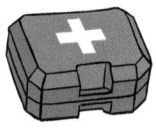

ערכת עזרה ראשונה	הצילו!	משטרה
trousse de premier secours	SOS	police

כדור הארץ
terre

אירופה

....

Europe

צפון אמריקה

....

Amérique du Nord

דרום אמריקה

....

Amérique du Sud

אפריקה

....

Afrique

אסיה

....

Asie

אוסטרליה

....

Australie

האוקיינוס האטלנטי

....

Océan atlantique

האוקיינוס השקט

....

Océan pacifique

האוקיינוס ההודי

....

Océan indien

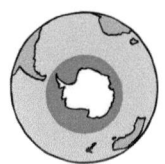

האוקיינוס האנטרקטי

....

Océan antarctique

האוקיינוס הארקטי

....

Océan arctique

הקוטב הצפוני

....

pôle nord

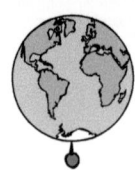

הקוטב הדרומי

pôle sud

אנטארקטיקה

Antarctique

כדור הארץ

terre

אדמה

pays

ים

mer

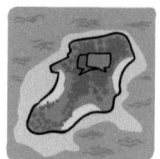

אי

île

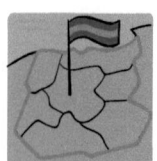

לאום

nation

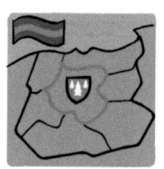

מדינה

état

שעון

...heure(s)

פני השעון

cadran

מחוג השעות

aiguille des heures

מחוג הדקות

aiguille des minutes

מחוג השניות

aiguille des secondes

מה השעה?

Quelle heure est-il ?

יום

jour

זמן

temps

עכשיו

maintenant

שעון דיגיטלי

montre digitale

דקה

minute

שעה

heure

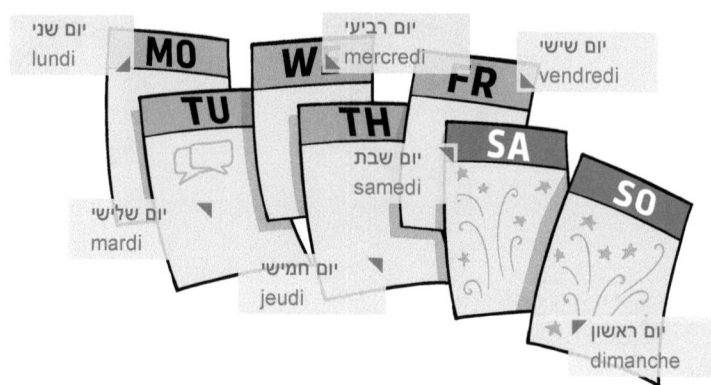

שבוע

semaine

יום שני
lundi
יום רביעי
mercredi
יום שישי
vendredi
יום שבת
samedi
יום שלישי
mardi
יום חמישי
jeudi
יום ראשון
dimanche

אתמול

hier

היום

aujourd'hui

מחר

demain

בוקר

matin

צהריים

midi

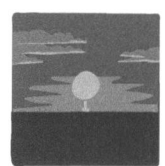

ערב

soir

ימי עבודה

jours ouvrables

סוף שבוע

week-end

שנה
année

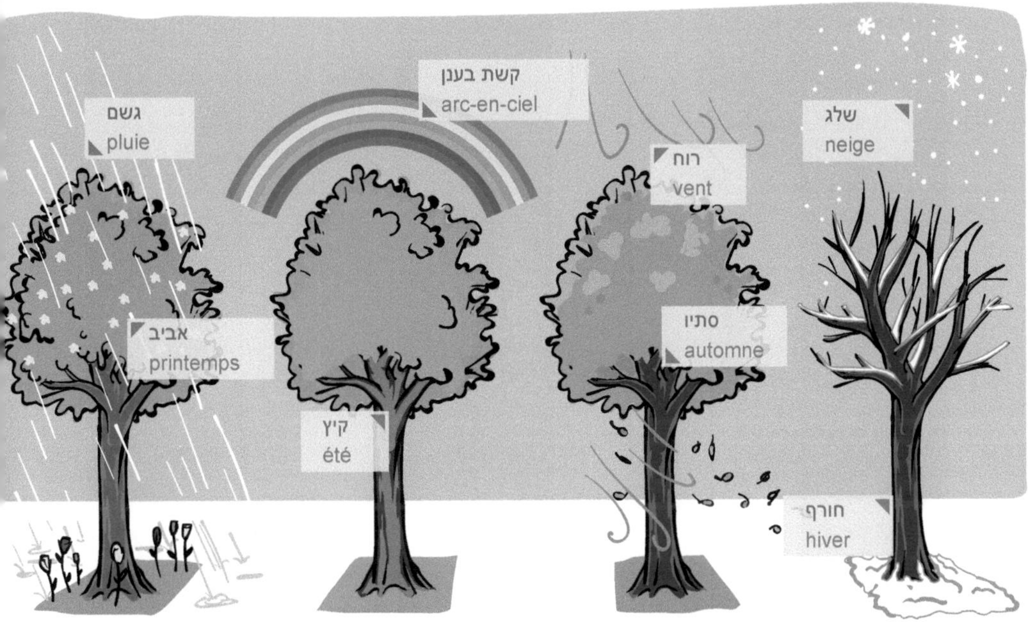

קשת בענן
arc-en-ciel
גשם
pluie
שלג
neige
רוח
vent
אביב
printemps
סתיו
automne
קיץ
été
חורף
hiver

תחזית מזג האוויר
....
météo

C

מד חום
....
thermomètre

אור שמש
....
lumière du soleil

ענן
....
nuage

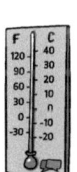

ערפל
....
brouillard

לחות
....
humidité

ברק

foudre

רעם

tonnerre

סערה

tempête

ברד

grêle

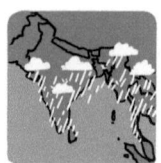

רוח עונתי

mousson

שיטפון

inondation

קרח

glace

ינואר

janvier

פברואר

février

מרץ

mars

אפריל

avril

מאי

mai

יוני

juin

יולי

juillet

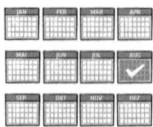

אוגוסט

août

ספטמבר

septembre

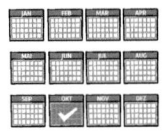

אוקטובר

octobre

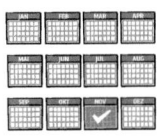

נובמבר

novembre

דצמבר

décembre

צורות

formes

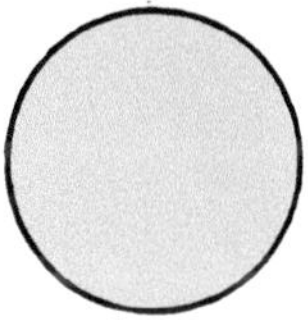

עיגול

cercle

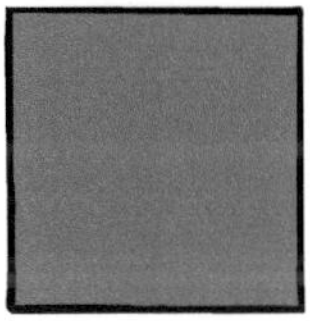

מרובע

carré

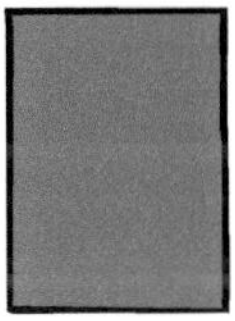

מלבן

rectangle

משולש

triangle

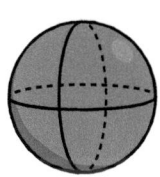

כדור

sphère

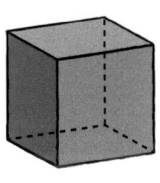

קובייה

cube

צבעים

couleurs

לבן

....

blanc

צהוב

....

jaune

כתום

....

orange

ורוד

....

rose

אדום

....

rouge

סגול

....

violet

כחול

....

bleu

ירוק

....

vert

חום

....

marron

אפור

....

gris

שחור

....

noir

הפכים
oppositions

הרבה / מעט

beaucoup / peu

כועס / רגוע

fâché / calme

יפה / מכוער

joli / laid

התחלה / סוף

début / fin

גדול / קטן

grand / petit

בהיר / כהה

clair / obscure

אח / אחות

frère / soeur

נקי / מלוכלך

propre / sale

שלם / חלקי

complet / incomplet

יום /לילה

jour / nuit

מת / חי

mort / vivant

רחב / צר

large / étroit

אכיל / לא אכיל

comestible / incomestible

רשע / טוב לב

méchant / gentil

מתרגש / משועמם

excité / ennuyé

שמן / רזה

gros / mince

ראשון / אחרון

premier / dernier

חבר / אויב

ami / ennemi

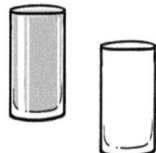

מלא / ריק

plein / vide

קשה / רך

dur / souple

כבד / קל

lourd / léger

רעב / צמא

faim / soif

חולה / בריא

malade / sain

בלתי-חוקי / חוקי

illégal / légal

נבון / טיפש

intelligent / stupide

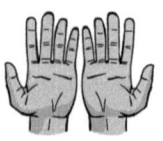

שמאל / ימין

gauche / droite

קרוב / רחוק

proche / loin

חדש / משומש

nouveau / usé

כלום / משהו

rien / quelque chose

זקן / צעיר

vieux / jeune

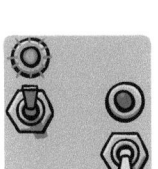

פעיל / כבוי

marche / arrêt

פתוח / סגור

ouvert / fermé

שקט / רועש

faible / fort

עשיר / עני

riche / pauvre

נכון / שגוי

correct / incorrect

מחוספס / חלק

rugueux / lisse

עצוב / שמח

triste / heureux

קצר / ארוך

court / long

איטי / מהיר

lent / rapide

רטוב / יבש

mouillé / sec

חם / קר

chaud / froid

מלחמה / שלום

guerre / paix

מספרים

nombres

0	1	2
אפס	אחת	שתיים
zéro	un / une	deux
3	4	5
שלוש	ארבע	חמש
trois	quatre	cinq
6	7	8
שש	שבע	שמונה
six	sept	huit
9	10	11
תשע	עשר	אחת-עשרה
neuf	dix	onze

12

שתים-עשרה

douze

13

שלוש-עשרה

treize

14

ארבע-עשרה

quatorze

15

חמש-עשרה

quinze

16

שש-עשרה

seize

17

שבע-עשרה

dix-sept

18

שמונה-עשרה

dix-huit

19

תשע-עשרה

dix-neuf

20

עשרים

vingt

100

מאה

cent

1.000

אלף

mille

1.000.000

מיליון

million

שפות

langues

אנגלית

....

anglais

אנגלית אמריקאית

....

anglais américain

סינית מנדרינית

....

chinois mandarin

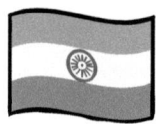

הודית

....

hindi

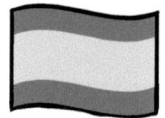

ספרדית

....

espagnol

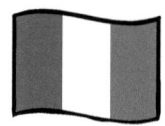

צרפתית

....

français

ערבית

....

arabe

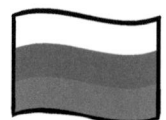

רוסית

....

russe

פורטוגזית

....

portugais

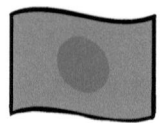

בנגלית

....

bengali

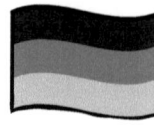

גרמנית

....

allemand

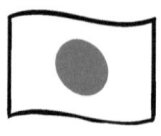

יפנית

....

japonais

מי / מה / איך
qui / quoi / comment

אני

je

אתה / את

tu

הוא / היא / זה

il / elle / ce, c', cela

אנחנו

nous

אתם

vous

הם

ils / elles

מי?

Qui ?

מה?

Quoi ?

איך?

Comment ?

איפה?

Où ?

מתי?

Quand ?

שם

nom

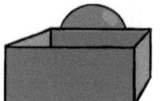

איפה

où

מאחור

derrière

בתוך

dans

לפני

devant

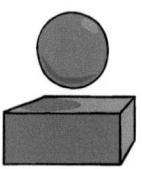

מעל

au-dessus

על

sur

מתחת

en-dessous

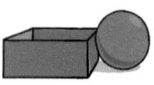

ליד

à côté de

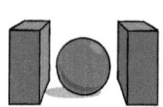

בין

entre

מקום

lieu